AF370398

TRANSACCIONES CORPORATIVAS
Fusiones y adquisiciones

Eric Vega y Dietmar Ernst

CADUCEUS

TRANSACCIONES CORPORATIVAS
Fusiones y adquisiciones
© Eric Vega
© Dietmar Ernst

Editado por: Corporación Ígneo, S.A.C.
para su sello editorial Caduceus
José Olaya 169, Ofic. 504, Miraflores. Lima, Perú
Primera edición, septiembre, 2023

ISBN: 978-612-49366-4-7
Impresión bajo demanda

Hecho el Depósito Legal en la Biblioteca Nacional del Perú N° 2023-07837
Se terminó de imprimir en septiembre del 2023 en:
ALEPH IMPRESIONES SRL
Jr. Risso Nro. 580 Lince, Lima

www.grupoigneo.com
Correo electrónico: contacto@grupoigneo.com
Facebook: Grupo Ígneo | X: @editorialigneo | Instagram: @grupoigneo

Índice de contenido

Autores

Eric Vega

Fecha de nacimiento: 28 de septiembre de 1986, en Chitré, Panamá.

Educación: licenciatura en Banca y Finanzas de la Universidad Católica Santa María La Antigua, Ciudad de Panamá.

Educación avanzada: Master of Science in International Finance de la European School of Finance (ESF) Nürtingen, Alemania; Diplom in Accounting de la Universidad de Glamorgan, Gales, Reino Unido; Mergers & Acquisitions Professional Certificate (M&AP) emitido por el Institute for Mergers, Acquisitions and Alliances; Stern NYU Advanced Valuation Certificate.

Experiencia transaccional: el Sr. Vega ha participado de procesos de debida diligencia financiera para transacciones FyA transfronterizas, además de múltiples proyectos de valoración para reporte financieros, gestión financiera corporativa y transacciones de fusiones y adquisiciones. Actualmente es director de Asesoría Financiera y Valoraciones en Grant Thornton Panamá (www.grantthornton.com.pa).

El Sr. Vega es representante para Centroamérica del Institute for Mergers, Acquisitions and Alliances, organismo certificador de profesionales en fusiones y adquisiciones (www.imaa-institute. org). Además, es fundador de «Valuation Club Iberoamérica», un canal digital de encuentro para especialistas financieros y en valoración a nivel de toda América latina y España.

Dietmar Ernst

Fecha de nacimiento: 17 de abril de 1968, en Ludwigsburg, Alemania

Educación: Eberhard Karls-University, Tübingen, Licenciatura en Economía Inernacional

Estudios doctorales: Economía en Eberhard Karls-University, Tübingen (1996), y Ciencias naturales en la Universidad de Stuttgart (1999).

Academia: profesor en Finanzas Corporativas y director del master en Finanzas Internacionales en la European School of Finance (ESF) en Nürtingen, Alemania. El Sr. Ernst es autor de múltiples libros y artículos académicos relacionados con temas de finanzas corporativas y valoración, publicados en alemán, inglés, chino y español.

Experiencia transaccional: ha asesorado una multitud de transacciones corporativas a través de su labor como gestor de proyectos de fusiones y adquisiciones en la banco Landesbank Bade-Württemberg y como asesor de banca de inversión en Süd Private Equity.

DICF: el Sr. Ernst es director del Instituto Alemán de Finanzas Corporativas (www.dicf.de) el cual ofrece la certificación en finanzas corporativas Certified Financial Modeler © (CFM) (www.certified-financial-modeler.com).

Las fusiones son transacciones complejas que requieren el entendimiento tanto del capital humano como el financiero. Este nuevo libro de Eric Vega, director de Grant Thornton Panamá, una firma conocida desde hace mucho tiempo por su experiencia tanto en administración como en contabilidad, junto con su colega, Dietmar Ernst, director del Instituto Alemán de Finanzas, profundiza esa comprensión. Al igual que el célebre Canal de Panamá, ubicado no lejos de sus concurridas oficinas, Vega y Ernst brindan un pasaje hacia el éxito.

Alexandra Reed Lajoux, Ph.D., MBA
Autora *bestseller* de The Art of M&A

Reconocimiento y dedicatoria

La publicación de este libro es la manifestación material de invaluables intangibles que una multitud de personas han aportado desmedidamente a lo largo de los años de mi vida y carrera.

La visión alejandrina de mi padre, Eric Vega; la fe y dedicación infinita de mi madre, Feliciana Dominguez; el apoyo y alegría de mis hermanos, David Vega y Fátima del Carmen Vega, han inspirado la energía para emprender los proyectos más prometeicos de mi vida.

A cada paso del camino he encontrado la amistad de personas cuya voz y consejo han semejado a las de Merlín para Arturo, las de Aristóteles para Alejandro o las de Yoda para Luke. En este respecto, agradezco a los profesores de la Universidad Católica Santa María la Antigua por abrir las puertas de mi carrera al mundo bancario y financiero. Los profesores de la Universidad de Nürtinguen en Alemania, quienes me guiaron a través de nuevas fronteras del conocimiento en la teoría financiera. Agradezco a Elvira Valeeva, Yulia Erschowa y Carlos Valencia por su eterna amistad y apoyo en las batallas intelectuales más exigentes cuando cursaba la maestría en Alemania. Agradezco al profesor Dietmar Ernst, coautor de esta publicación por su amistad y confianza.

Elevo un reconocimiento a aquellas personas que han aportado mucho en cada paso del proceso de este libro: Juan Moreno, Jorge Cano y Pablo Sánchez, socios de Grant Thornton Panamá; Luis Ayala, amigo y entrevistado; Christopher Kummer y Alex Bari del Institute for Mergers, Acquisitions and Alliances; Inés Medina, Ricardo Rocha, Francisco Pizarro, Jay Molino, Juan

Toro, Nidia Morales, Abdiel Leon Bal, Magdalena Dullnig, Aracellys Córdoba, Ricardo Barría, Christina Rabenau, Ramsés Córdoba, Yaritzel Montenegro y Chris Mellen.

Por último, dedico esta obra muy especialmente a la memoria de Nathalie Weichel, quien creyó en este proyecto cuando escribía apenas las primeras líneas (*ich mag wolken... noch immer*); y, poderosamente, dedicado a Benjamín Vega, que más que un hijo, es un héroe mítico cuya existencia inspira epopeyas épicas de aventuras por doquier.

Eric Vega

CAPÍTULO 1

¿De qué se tratan las Fusiones y Adquisiciones?

1.1. El concepto de «Fusiones y Adquisiciones» (mergers and acquisitions)

El término «Fusiones y Adquisiciones» (FyA) hace referencia a la compra de activos y acciones (adquisición) o el acto de combinar dos o más compañías en una sola entidad (fusión).

A pesar de que más adelante en este capítulo se explicará la diferencia teórica entre «Fusión» y «Adquisición», en la práctica las características de cada transacción son únicas y estos conceptos se traslapan; de tal manera que, para entenderlos, se ubican en un macro grupo en el cual se identifican porque hacen de dos o más compañías, una sola entidad.

Para las compañías involucradas en FyA, esta transacción representa un proyecto corporativo que nace de las esferas de liderazgo más altas, se puede prolongar desde pocos meses hasta varios años, e impacta toda la organización: estructura del gobierno corporativo, estructura accionaria, empleos de los altos ejecutivos, gerentes de área y operadores de línea. Incluso la imagen de las marcas se ve comprometida si no se tienen los cuidados necesarios en la divulgación de la información.

Dada las complejidades de este tipo de transacción, es necesario que las compañías involucradas se sirvan de profesionales idóneos en cada etapa para asegurar la mejor ejecución posible.

Hay diferentes formas de estudiar las transacciones de FyA, en este libro utilizaremos el *enfoque de servicio*, que se centra en el análisis de los diferentes servicios prestados por los bancos de inversión, firmas de abogados, firmas de auditores y contadores, entre otros especialistas.

Entre los servicios que demanda una transacción FyA se incluyen:

- Definición de ventas o estrategia de adquisición
- Valoración de empresa
- Análisis de mercado e industria
- Identificación de posibles clientes o posibles compañías objetivo
- Análisis y selección de posibles clientes o posibles compañías objetivo
- Contacto de compañías seleccionadas
- Intercambio de información con compañías seleccionadas
- Valoración de los intereses de la contraparte
- Evaluación de ofertas
- Revisión y selección de la mejor oferta
- Negociación del precio y la estructura de transacción
- Negociación del acuerdo de compra
- Cierre
- Integración

Summary

The term *Mergers & Acquisitions* (M&A) describes either the purchase or sale of corporate assets and shares (an acquisition), or the act of combining two or more companies in a single corporate entity (a merger). The service view focuses on services provided by investment banks, law firms, auditing companies, etc.

1.1.1. Fusiones

Definición

Una fusión es la unión de dos o más personas jurídicas (fusionadas) que deciden trasladar sus activos o acciones a una compañía nueva o a una compañía existente (fusionante) a cambio de participación patrimonial sobre esa última compañía. Una fusión permite a los participantes tomar ventaja de los recursos combinados, beneficiarse de las sinergias logradas y de la capacidad para la obtención de capital nuevo a un costo bajo.

A menudo, la razón de una fusión nace del deseo de lograr un mayor crecimiento en un mercado con bajo potencial de crecimiento. Cuando el mercado y las condiciones estratégicas son el motivo para la fusión de dos o más entidades, la transacción resultante es muy compleja. Para que la compañía fusionada cree valor para sus accionistas, los productos, la tecnología, las habilidades gerenciales y la posición de mercado de las empresas participantes son muy complementarias. Por lo tanto, un análisis extenso y una profunda investigación han de realizarse para la identificación de los candidatos apropiados que cumplan con el perfil deseado sobre negocio, estrategia y tecnología.

Una fusión se concibe como combinación o consolidación.

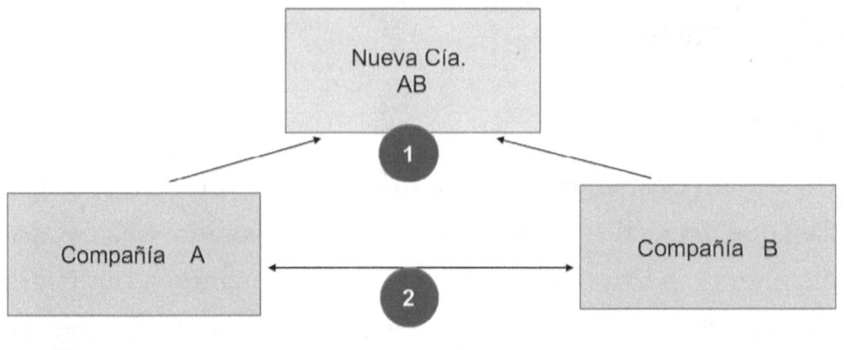

Ilustración 1. *Combinación y consolidación*

Fusión por combinación (combination)

En una combinación, los activos y pasivos de la empresa fusionada son transferidos a la fusionante y la fusionada deja de existir. Este caso se observa cuando dos compañías de tamaños diferentes son combinadas, de tal manera que la entidad más pequeña es fusionada con la de mayor tamaño, dejando una sola entidad.

Método de flujo de efectivo descontado (discounted cash flow method)

Un paso clave en el análisis de una fusión es la valoración de las compañías fusionadas. El valor de las compañías fusionadas es determinado de modo típico mediante el método del flujo de efectivo descontado (conocido también como DCF por sus siglas en inglés *«Discounted Cash Flow method»*).

Razón de transferencia (exchange rate)

Otro aspecto importante es calcular la razón de transferencia de acciones de la compañía fusionante por las acciones de la compañía fusionada. La siguiente fórmula es utilizada para determinar la razón de transferencia para compañías listadas:

$$\textit{Razón de transferencia} = \frac{\textit{precio por acción de cia. fusionada} * (1 + \textit{Premio por fusión})}{\textit{Precio por acción de cia. fusionante}}$$

Ejemplo:

La Compañía A intenta fusionar a la Compañía B mediante una transacción de intercambio de acciones, los detalles de la transacción se presentan en la Ilustración 2. Si la Compañía A no ofrece una prima a los accionistas de la Compañía B, la razón de transferencia es:

$$0.5 : 1 = \frac{\$20 * (1 + 0.0)}{\$40}$$

En otras palabras, la Compañía A intercambia una nueva acción por cada dos acciones de la Compañía B.

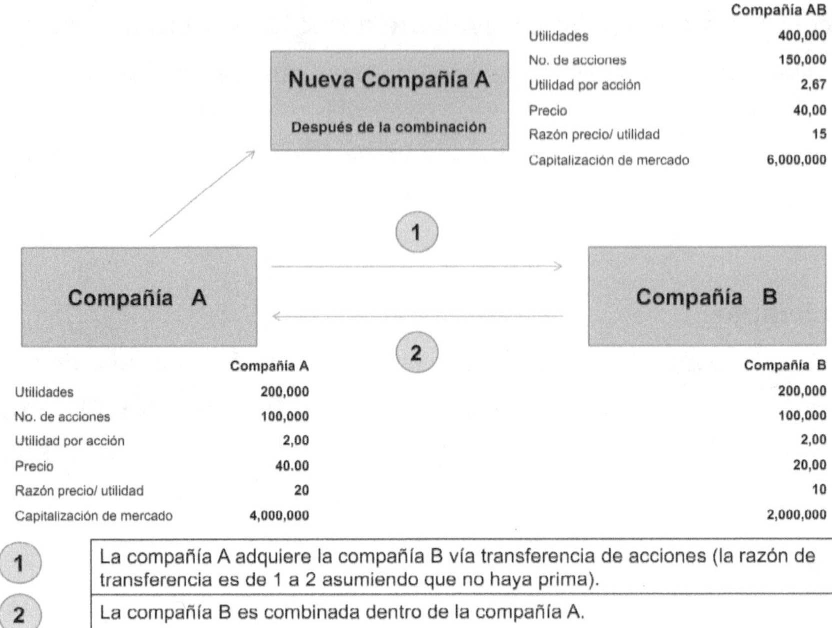

	Compañía A		Compañía B
Utilidades	200,000		200,000
No. de acciones	100,000		100,000
Utilidad por acción	2,00		2,00
Precio	40.00		20,00
Razón precio/ utilidad	20		10
Capitalización de mercado	4,000,000		2,000,000

1	La compañía A adquiere la compañía B vía transferencia de acciones (la razón de transferencia es de 1 a 2 asumiendo que no haya prima).
2	La compañía B es combinada dentro de la compañía A.

Ilustración 2. *Combinación*

Fusión por consolidación (consolidation)

Una fusión por consolidación sucede cuando dos o más compañías dejan de existir de forma independiente y son fusionadas dentro de una nueva entidad (ver Ilustración 3). Las acciones de la nueva entidad son cambiadas por las acciones de las compañías fusionadas, basándose en una predeterminada valoración de estas últimas. Las compañías de tamaños similares tienden más a fusionarse por consolidación que a combinar.

Nota

No se confunda el concepto de «fusión por consolidación» con el concepto de «consolidación» en el argot contable.

Consolidación en contabilidad, según la Real Academia de la Lengua Española, se refiere a «integrar en uno solo, los balances de una entidad matriz con los de sus empresas filiales».

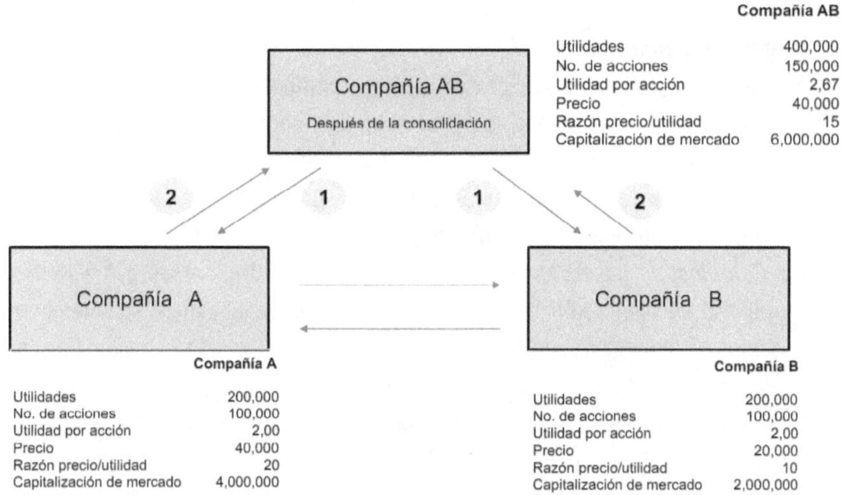

Ilustración 3. *Fusión por consolidación*

En la legislación panameña «solo se contempla la figura de fusión como vehículo de unificación corporativa, consistente en la integración de dos o más sociedades para crear una nueva que adquirirá el patrimonio de aquellas, las cuales dejan de existir con la creación de la nueva entidad».[1]

Para mayor comprensión de la legislación panameña, recomendamos la lectura de *Tratado sobre la Ley de Sociedades Anónimas Panameñas, comentada por artículo.*

---

1 Fábrega Polleri, J. P. (2023), *Tratado sobre la Ley de Sociedades Anónimas Panameñas, comentada por artículo.* Tercera edición revisada y ampliada, Editorial Portobelo, Página 993.

Summary

Definition of *Merger.*

In a merger, assets or shares of two or more companies are placed in a new or existing entity in exchange for shares of that entity. A merger allows the participants to take advantage of combined resources and to benefit from synergies and the ability to access capital at a lower cost.

A merger may be viewed as a combination or a consolidation.

In a *Combination,* assets and liabilities of the acquired firm are merged with the acquirer and the acquired firm ceases to exist. This is usually the case when two companies of significantly different size are combined, and the smaller firm is merged into the larger firm, leaving one firm.

Another important step is to calculate the exchange ratio of shares of acquirer for the shares of the acquired company:

A *Consolidation* is a combination of two or more firms through creation of a new entity. In this case, the merging firms cease to exist independently, as they are all merged into a new entity. Shares of the new entity are then exchanged for the shares of the merging companies based on a predetermined valuation of the merging companies.

1.1.2. Adquisiciones

Definición

El término «adquisiciones» se refiere a la compra de activos corporativos (en una negociación de activos) o acciones corporativas (en una negociación de acciones). En una negociación de activos, el comprador adquiere los activos de la compañía objetivo, por ejemplo, activos tangibles como terrenos y edificios, equipo técnico y maquinaria. Mientras que en una negociación de acciones se adquiere el patrimonio de la compañía objetivo.

En una negociación de activos, la contraprestación de la compra es pagada a la compañía objetivo para después transferir los fondos de la compañía liquidada a los accionistas de esta. Al final, el cascarón de la compañía objetivo es disuelto o vendido.

Por el contrario, en una negociación de acciones, los accionistas de la compañía objetivo reciben en directo el pago de la compra (véase la Ilustración 4).

Ilustración 4. *Negociación de activos versus negociación de acciones*
Fuente: Eayrs, W. E. (2005)

1.1.3. FyA y alianzas empresariales

Una alternativa para FyA son las alianzas empresariales. En particular, las alianzas tienen diferentes implicaciones de control, flexibilidad en su terminación, compromisos de recursos, riesgos, fiscalización y participación de utilidades.

1.1.3.1. Tipos de alianzas empresariales

Las alianzas empresariales se estructuran de las siguientes maneras:

- *Joint ventures*
- Alianzas estratégicas
- Asociaciones de capital
- Concesión de licencias
- Franquicias
- Alianzas de red

Joint ventures

Joint ventures son relaciones corporativas formadas por dos o más compañías que implementan una estrategia conjunta con un objetivo financiero común. Las *joint ventures* se crean cuando dos o más compañías acuerdan crear una nueva entidad con una naturaleza distinta, autonomía y personería jurídica propia, con el objetivo final de agregarle valor a las compañías progenitoras, mientras estas tienen participación de acciones y control sobre ella.

Alianzas estratégicas (strategic alliance)

Contrario a las *joint ventures*, las alianzas estratégicas no crean entidades legales independientes, las alianzas estratégicas son formadas para la transferencia, o en conjunto para la utilización de:

- Servicios de investigación y desarrollo
- Derechos de comercialización
- Tecnología

Las alianzas estratégicas, algunas veces, crean *joint ventures*.

Asociación patrimonial (equity partnership)

Las asociaciones patrimoniales son alianzas mediante las cuales una parte toma una participación accionaria minoritaria (entre 5 % y 10 %) de la otra parte. A veces, el inversionista minoritario tiene la opción de compra, la cual le permite adquirir luego una participación accionaria mayor.

Concesión de licencias (licensing)

Existen los siguientes dos tipos de concesión de licencias:

- Concesión de licencia de tecnología, productos o procesos en específico para aprovechar una oportunidad percibida.

- Licencias de mercancía mediante la cual una compañía certifica una marca reconocida o derechos de autor a un fabricante de bienes de consumo en mercados que, en la actualidad, no están atendidos por dicha marca.

Un contrato de concesión de licencias especifica qué licencia se otorga, cómo y cuándo se utiliza y por cuánto tiempo se autoriza el uso de la licencia. En la concesión de licencias, a diferencia de las *joint ventures* o alianzas estratégicas, no se comparte el riesgo ni la utilidad. Los pagos a quien otorga la licencia, por norma, incluyen una comisión inicial, así como los pagos de regalías que son basados en un porcentaje de las ventas futuras. La concesión de licencia es un método de riesgo bajo de cooperación corporativa que requiere poca inversión inicial.

Franquicias (franchising alliances)

Las franquicias son redes o sistemas de cooperación mediante las cuales los socios están unidos entre sí a través de una serie de acuerdos de licencia. La empresa matriz, por ejemplo, tendrá empresas franquiciarías o licencias de igualdad transversal. El acuerdo de licencia otorga derechos para la distribución de bienes y servicios. Con frecuencia, la franquicia se combina con la obligación de comprar bienes y servicios de la empresa franquiciante.

Alianzas de red (network alliance)

Las alianzas de redes están interconectadas sobre compañías que, por lo general, cruzan fronteras internacionales. Este tipo de arreglos da lugar, en ocasiones, a dos empresas que colaboran en un mercado y que compiten al mismo tiempo en otro. Este tipo de alianzas son utilizadas, casi siempre, para fusionar habilidades de distintas industrias (por ejemplo, computación e industria multimedia) como también para alcanzar cobertura mundial (por ejemplo, Copa Airlines como miembro del Star Alliance).

Entrevista No. 1
Con Luis Ayala, gerente general de Inmobiliaria Casas Grandes (2009-2017; 2018-2020)

¿Qué tipo de *joint venture* suscribe una promotora de desarrollo inmobiliario?

Por ejemplo, si alguien tiene un terreno, ya sea que lo haya heredado de su familia, o porque lo compró como inversión, pero no tiene ni el músculo financiero, ni técnico, ni de imagen (una marca) para poder realizar un proyecto, y esta tierra tiene vocación para desarrollarla, ya sea porque tiene la zonificación, o porque está en un área atractiva y el dueño de la tierra lo sabe, entonces buscará la parte complementaria; alguien con quien pueda hacer una alianza, alguien con la capacidad técnica y que consiga el financiamiento bancario para desarrollar una obra. Es probable que el dueño de la tierra no lo hace porque el banco no lo conoce como desarrollador y no generará la confianza para que le presten los fondos por sí solo, a pesar de tener el activo como garantía.

El desarrollador por otro lado, no siempre tiene el dinero para desarrollar la obra, necesita el financiamiento bancario, pero no tiene la garantía.

Los bancos confían en compañías que tengan trayectoria, y sobre la base de esa confianza se dan unas tasas de interés que reflejan el perfil de riesgo y los montos de financiamiento.

Entonces, la forma común de hacer un *joint venture* es que tanto el desarrollador como el terrateniente firman un acuerdo de *joint venture* donde crean una sociedad y cada uno es accionista de esta, y el terrateniente coloca la tierra para el desarrollo del negocio.

¿Qué hace la compañía que tiene el *know how*? Presenta el terreno al banco como garantía y consigue los financiamientos del proyecto. Sobre la base de esto se lleva a cabo una obra que no realizaría ninguno de los dos porque uno no tiene la tierra ni el dinero para comprarla y luego el financiamiento de la obra, y el otro tiene la tierra, pero no tiene el *know how*.

Ciudad de Panamá

2023

Summary

The term *Acquisition* refers to the sale and purchase of corporate assets (asset deal) or corporate equity (share deal).

In an *asset deal*, an acquirer purchases the assets of the target company (e.g. tangible assets such as land, technical equipment, and machinery). Where in a *share deal* the equity of the target company (e.g. stocks) is acquired.

An alternative to M&A is a "business alliance." In particular, business alliance have different implications for control, ease of termination, resource commitment, risk and reward sharing, and taxation. Business alliances can be structured as follows:

- Joint venture
- Strategic alliances
- Equity partnerships
- Licensing
- Franchising alliances
- Network alliances

1.1.3.2. FyA vs alianzas empresariales

La decisión entre una FyA o una alianza empresarial depende de las estrategias de las compañías. Debido al capital que se comprometerá, una FyA es un proyecto a largo plazo y es a la vez, una alternativa de mayor costo que una alianza empresarial.

Las empresas utilizan alianzas empresariales como primeras opciones debido a que son métodos baratos, rápidos y flexibles que permiten la incursión en nuevos mercados y el beneficio de nuevas oportunidades. Si la estrategia falla o el ambiente cambia, no es tan costosa la culminación de la alianza. La Ilustración 5 muestra las fortalezas de la FyA y de las alianzas empresariales, las fortalezas de una alternativa son las debilidades de la otra.

Pro F&A	Pro Alianza
- Se pueden aprovechar sinergias y mejoras operativas integrales en todos los procesos. - Decisión a largo plazo. - Acceso al flujo de caja. - Crea el efecto de economías de escala. - Es preferible cuando la venta de la compañía es políticamente aceptada. - Es preferible cuando el crecimiento orgánico es excesivamente caro y un trabajo a muy largo plazo. - Es una alternativa para resolver problemas de sucesión generacional del control de la compañía.	- Es preferible cuando ambas entidades desean mantenerse independientes. - Se pueden aprovechar sinergias en puntos específicos de convergencia. - Decisión a mediano plazo con flexibilidad en sus términos. - Es relativamente barato debido a que no se debe pagar un premio por control. - Elimina los riesgos relativos a las fusiones en términos de fallas en integración. - Acceso a tecnología y a canales de distribución. - Es preferible cuando la venta de la compañía es considerada como un deshonor o una traición a los principios de la compañía.

Ilustración 5. *FyA versus Alianzas*

1.2. Razones y factores de una transacción FyA

Una fusión o adquisición es una decisión estratégica con implicaciones trascendentales dentro del ciclo de vida de una compañía, por tal motivo, es de vital importancia halar el gatillo adecuado (fusión, adquisición o cualquier tipo de alianza empresarial) en el momento adecuado. El objetivo principal de una FyA es maximizar el valor para los accionistas; desde el punto de vista de un vendedor, esto implica la venta de la empresa al precio más alto, de tal forma que se obtenga el máximo valor de empresa. El comprador, al contrario, intenta adquirir la compañía a un precio razonable que maximice la posibilidad de sinergias.

Existen varios motivos para comprar o vender una compañía. Transacciones de FyA se iniciarían por una amplia gama de motivos, la Ilustración 6 muestra algunos de ellos.

Motivos para ...	
Adquirir	**Vender**
• Rápida penetración en un nuevo mercado.	• Asegura el éxito de la empresa luego de un largo plazo de inversión y desarrollo.
• Para superar barreras de entrada al mercado.	• Concentración en los negocios principales.
• Expandir la presencia geográfica.	• Crea la oportunidad de invertir en nuevos segmentos del mercado.
• Incrementar la diversificación del portafolio.	• Mejora la estructura financiera a través del incremento del patrimonio.
• Acceso inmediato a nueva tecnología y a avances.	• Mejora la liquidez de la empresa para cumplir con necesidades de inversión.
• Mejora el poder de negociación frente a los proveedores.	• Redistribuye la riqueza de los accionistas.
• Mejora el poder de negociación frente a los clientes.	• Búsqueda de un accionista que esté interesado en participar de la administración de la nueva compañía.
• Mejora la utilización de la capacidad existente (productiva, de marketing, ventas, distribución, etc.).	• Realización de la ganancia en la inversión corporativa mediante la venta.
• Reduce los costos mediante la maximización de las capacidades.	

Ilustración 6. *Motivos para comprar o vender una compañía*

Summary

Whether to choose M&A or business alliance depends on the company's strategy. Due to the required capital commitment, M&A is a long-term, time-consuming, and costly alternative to business alliances. Following there are shown the strengths of each alternative:

Pro M&A	Pro Business Alliance
• Synergies and operational improvements can be realized.	• Preferable, if both partner's goal is to remain independent
• Long term decision	• Relatively cheap due to the fact that no control premium has to be paid
• Control of both entities	
• Access to cash flows	• Elimination of post-merger integration risk
• Economies of scale	
• Pressure to follow due to acquisitions by competitors	• In case that both companies aim for getting access to technology or expanding distribution a strategic alliance is the only way
• Sale of companies is politically acceptable	
• In core business critical mass is required	• Sale of companies might be dishonored and the owner might be seen as non-entrepreneur
• Organic growth might be too expensive or time-consuming	
• In consolidating markets extension of market share is unremitting	• In market downturn it is difficult to sell non-core activities at appealing prices

The motive for a M&A transaction are very versatile and are summarized below:

Operative
- Entry into new market(s) and repaid penetration of new market(s)
- Overcome market entry barriers
- Expansion or rounding out of product line
- Expansion of geographic presence
- Access to new technology and developments
- Enhancing bargaining position with customers and suppliers
- Utilization of economies of scale

La decisión para emprender una transacción FyA representa grandes retos para las compañías. Muchas transacciones FyA fallan, por esto, es de suma importancia para un posible comprador estar atento a los factores que influyen en el éxito de una transacción FyA.

Las diez reglas para una exitosa transacción FyA son:

- *Regla #1: Centrarse en las competencias básicas*: Es más difícil obtener valor vía diversificación.

- *Regla #2: Preferir una adquisición amistosa a una hostil*: Las adquisiciones amistosas, por lo general, son más exitosas y crean mayor valor para los accionistas que las adquisiciones hostiles.

- *Regla #3: Evitar sobrepagos*: Esto ocurre, por lo general, en situaciones como ofertas de licitación y subastas donde se pagan primas excesivas.

- *Regla #4: Evaluar adecuadamente las sinergias*: Recursos complementarios en vez de combinación de recursos idénticos, o no relacionados, tienden a traducirse en mayores sinergias.

- *Regla #5: Estructurar un adecuado financiamiento de adquisición*: Evitar el sobreendeudamiento mediante la formación de una adquisición financiera sólida es crucial para el éxito.

- *Regla #6: Emprender un due diligence minucioso*: Obtener asesoría adecuada para analizar los riesgos financieros, fiscales, estratégicas y legales.

- *Regla #7: Utilizar incentivos como herramienta*: Conceder incentivos adecuados a los empleados que participarán en las operaciones posteriores a la integración.

- *Regla #8: Lograr el apoyo gerencial*: El apoyo de la directiva y personal de liderazgo es esencial para el éxito de las operaciones posteriores a la integración.

- *Regla #9: Considerar las similitudes organizacionales*: Empresas con culturas y filosofías gerenciales compatibles son más fáciles de integrar.
- *Regla #10: Integración inmediata posterior a la transacción*: Establecer una cultura corporativa nueva, posterior a la transacción, asimilando las mejores características de las compañías fusionadas

Summary

The ten rules for a successful M&A transaction are as follows:
- Rule #1: Focus on core competencies.
- Rule #2: Friendly versus hostile.
- Rule #3: Avoid overpaying
- Rule #4: Proper evaluation of synergies
- Rule #5: Solid acquisition financing
- Rule #6: Adequate due diligence
- Rule #7: Incentives
- Rule #8: Management support
- Rule #9: Proper organizational fit
- Rule #10: Immediate post-transaction integration

1.3. El proceso de transacciones de fusión y adquisición

La compraventa de una compañía es un proyecto complejo, y para poder alcanzar los diferentes objetivos estratégicos ya mencionados, es importante reducir la complejidad mediante la estandarización de los procesos. Dependiendo de quién está iniciando la transacción, el proceso se cataloga como de compra o proceso de venta. El proceso típico de venta se conforma de las siguientes fases:

Fase 1: Fase inicial

- Pitch
- Selección del proceso
- Identificación y selección de candidatos
- Asesores y consultores
- Contrato de Servicio
- Acuerdo de confidencialidad

Fase 2: Contactando a las partes interesadas

- Documentación
- Carta de Intención

Fase 3: Aspectos financieros en el proceso de venta de un FyA

- *Due Diligence*
- Valoración
- Estructuración

Fase 4: Aspectos legales en el proceso de venta de FyA

- Negociaciones
- Oferta final
- Contrato de compraventa
- Cierre

Las cuatro fases antes mencionadas «fase inicial», «contactando a las partes interesadas», «aspectos financieros» y «aspectos legales» de un proceso de venta son los siguientes capítulos del presente libro.

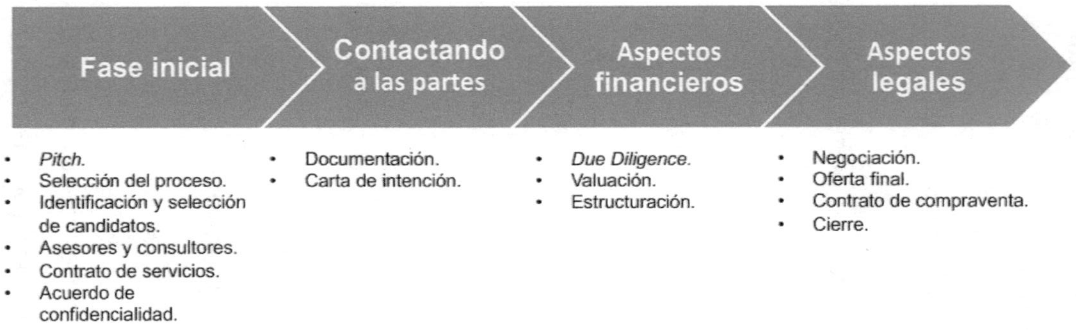

Ilustración 7. *El proceso FyA*

CAPÍTULO 2
Fase inicial (fase 1)

2.1. Pitch

El proceso de FyA se inicia con la etapa de presentación o *pitch*.

Definición

Presentación (pitch)

El *pitch* es el proceso mediante el cual se presenta la transacción y se enfatizan las razones principales que sustentan su emprendimiento, así como también los procesos de la transacción en cuestión y las bondades de la inversión. El éxito del *pitch* depende, en esencia, de la habilidad persuasiva del asesor de banca de inversión para el convencimiento pleno del inversionista potencial, acentuándole el respaldo con el conocimiento, la experiencia y la reputación, así como con el apoyo de las redes necesarias para la conclusión de la transacción con éxito.

Iniciación (initiation)

Con frecuencia, las grandes transacciones de FyA son iniciadas por el vendedor o el banco de inversión de la siguiente manera:

1. El vendedor invita diferentes bancos de inversión para que presenten un análisis de la transacción y cotización (*beauty contest*),
2. El banco de inversión aborda a un vendedor potencial presentándole un proyecto de venta, parcial o total, mediante un *pitch book* con el objetivo de obtener una orden de venta.

Libreta de presentación (pitch book)

Sea cual sea el método de iniciación, el banco de inversión presenta al cliente potencial el documento llamado *pitch book*. El *pitch book* constituye la carta principal de presentación de un banco de inversión con una extensión entre 60 y 80 páginas dependiendo del tamaño del cliente potencial. El *pitch book* contiene como fundamento las siguientes tres partes:

Análisis de brechas (gap analysis)

- La primera sección trata las situaciones financiera, estratégica y competitiva de la compañía en cuestión. Un análisis FODA (Fortalezas, Oportunidades, Debilidades y Amenazas) es también parte integral de esta sección, combinado con un análisis de brechas, se presentan aquí los principales argumentos de por qué una venta es una decisión corporativa acertada que asegura la supervivencia de la compañía largo plazo.

Lista larga (long list) y lista corta (short list)

- La segunda sección del *pitch book* evalúa las opciones diversas que tiene la compañía para la resolución de sus brechas estratégicas y operativas, si en respuesta a estas, una fusión o adquisición es una alternativa viable, se describen y nombran los candidatos potenciales para realizar la transacción siempre y cuando sus características estratégicas encajen. En primer lugar, se enumeran todos los candidatos potenciales en lo que se denomina lista larga. Luego de conversaciones con la administración del vendedor potencial, la lista se depura y se crea la lista corta, la cual consiste en los compradores potenciales con las mejores sinergias.

Además, se analiza la inclusión de inversionistas financieros (entidades financieras que respalden la transacción).

- El *pitch book* concluye con una sección dedicada, de forma exclusiva, a las recomendaciones. En esta sección se analizan las ventajas y desventajas de cada opción de cara a la situación actual y a los escenarios futuros posibles y se dan recomendaciones sobre cada una de ellas.

  Para culminar, se elabora una lista con los pasos necesarios para el proceso de venta, y se discuten.

  El reto más importante del proceso *pitch* es mantener la discreción y confidencialidad. Si se filtrara la información de que se está considerando la venta de un negocio, incluso rumores mínimos tendrían efectos adversos significativos para la operación.

Summary

A pitch points out the main rationale and the process of a M&A transaction. The goal is to clarify the deal rationale and to scrutinize the transaction process. The success of the pitch is highly dependent on the investment bank's ability to convince the potential client of being endowed with the necessary knowledge, expertise, reputation, as well as network to successfully conclude the transaction.

Usually, large M&A transactions are initiated by either the seller or the investment banker as follows:

1. The seller invites several investment banks to present an analysis of the target's strategic development (beauty contest).
2. The investment bank approaches a potential seller, presenting a fully-fledged pitch book in order to get a sale mandate.

Regardless of choice of approach 1 or 2 above, the investment banker presents a so-called pitch book to the potential client. The pitch book is the business card of an investment bank and usually comprises of 60 to 80 pages depending on the size of the potential deal.

2.2. Selección del proceso

El vendedor elige entre la escogencia de una colocación privada, una oferta pública o alguna alternativa que caiga entre ambas. Cada enfoque tiene sus propias ventajas y desventajas que considerar.

2.2.1. Enfoque de venta exclusiva (exclusive sale approach)

El enfoque de venta exclusiva coloca al vendedor en un escenario de uno a uno frente al comprador interesado. El vendedor tomaría este enfoque si tiene un objetivo estratégico específico con el comprador y si está interesado en un proceso controlado, con gran confidencialidad y que lograría en un tiempo limitado, además, con la posibilidad de la cancelación de todo el proceso con facilidad relativa. Este método también minimizaría el impacto en el personal.

Sin embargo, una venta exclusiva tiene desventajas significativas: como no existe otro oferente involucrado, el vendedor se coloca en una posición con limitada capacidad de negociación debido a la falta de posibilidad de comparación con ofertas en competencia; por este motivo, se arriesga a que el vendedor acepte un precio de venta mucho más bajo que en un escenario de varios oferentes en competencia.

2.2.2. Negociación bilateral simultánea (simultaneous bilateral negotiations)

En esta alternativa, el vendedor realiza encuentros/negociaciones privadas con un número plural (aunque limitado) de compradores potenciales. Las tres principales ventajas del enfoque exclusivo se mantienen en este segundo método, estas ventajas son: confidencialidad, facilidad de cancelación y bajo impacto en el personal; de modo adicional, este enfoque crea un nivel de competencia superior, sin embargo, aunque se mitiguen, en cierta medida, no se elimina la desventaja de las transacciones privadas, la cual se traduce en un precio de venta mucho menor que en enfoques más abiertos.

2.2.3. Subasta competitiva controlada (controlled competitive auction)

La Subasta competitiva controlada es un programa dirigido con cuidado, que crea un escenario que asegura un precio de la transacción muy superior al de los dos enfoques ya descritos, gracias al carácter competitivo de las ofertas.

Debido a que los compradores potenciales son seleccionados con cuidado, la confidencialidad se mantiene, y el vendedor controla con ventaja los términos de la transacción.

La desventaja principal que tiene es que la empresa revela al mercado su intención de venta. Los directores de la empresa vendedora no serán protegidos, de manera efectiva, de los efectos adversos del proceso de venta, y el riesgo de filtraciones de información es muy superior a los enfoques de venta anteriores debido a la intervención de distintos intereses.

2.2.4. Subasta pública (full public auction)

En esencia, la diferencia de la Subasta pública con la subasta competitiva controlada radica en que la primera se inicia con un anuncio público de las intenciones de venta, lo cual genera, en ocasiones, un precio de la transacción algo superior. Por otro lado, el vendedor no tiene garantía que, por el aumento de competencia en la subasta pública, el precio será muy superior a los otros enfoques, por este motivo, el vendedor analizará con detalle, los escenarios y evaluará si las ventajas superan a los riesgos.

Mientras más difícil sea la situación del negocio del vendedor, mayores serán las desventajas de este método:

- Las relaciones de negocio del vendedor podrían afectarse, con seriedad, cuando se revelan detalles del proceso de venta.

- El valor de la compañía se afectaría si el proceso de venta falla.

- En la cancelación del proceso el vendedor tiene control escaso.

- En caso de que los accionistas se alarmen, por una posible pérdida en el proceso de venta, el precio de las acciones caería de modo abrupto lo que posibilitará una oferta de adquisición hostil.

En la Ilustración 8 se ponen en perspectiva los cuatro tipos de procesos de negociación aquí explicados, comparando su apertura al público inversionista.

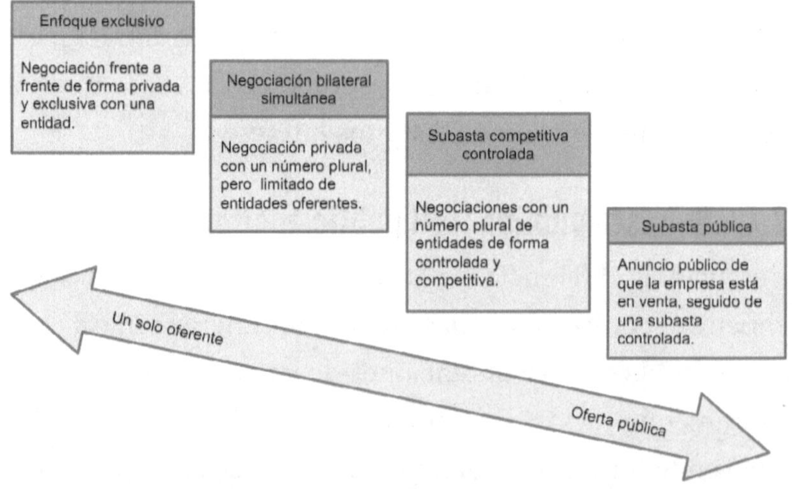

Ilustración 8. *Enfoque de venta exclusiva versus subasta pública*

Summary

The seller has a choice between a private placement and a full public auction, or an approach that falls in between. Each approach has its specific advantages and disadvantages.

The discrete approach

Advantages

- Confidentiality
- Ease termination
- Low impact on employees
- High seller's control over the process

Disadvantages

- Risk that the maximum price is not achieved
- Risk that the best buyer is not found through this method
- Low negotiation power due to the lag of competition

Simultaneous bilateral negotiations

Advantages

- Permits a better level of competition between the bidders
- Controllable level of confidentiality along the process
- Ease termination
- Minimum impact on employee

Disadvantages

- The maximum transaction price might not be reachable
- Usually the seller accepts the first acceptable bid

Controlled competitive auction

Advantages

- The maximum price could be reached
- Offers the a better competitive environment
- Better transparency and equality
- Minimum impact on Employee

Disadvantages

- The process can be terminated/canceled only because of problems
- Risk of confidentiality breaches

2.3. Identificación y selección de candidatos (potential buyer)

Existen tres tipos de compradores potenciales para una empresa:

- Un equipo de administradores ya sea de dentro o fuera de la empresa
- Inversionistas financieros
- Inversionistas estratégicos

2.3.1. Management Buy Out (MBO) y Management Buy In (MBI)

En el *management buy out* (MBO), los compradores potenciales son los miembros de la Administración actual, a diferencia del *management buy in* (MBI), donde un equipo externo a la compañía manifiesta su deseo de tomar el control de la empresa. Las adquisiciones mediante MBO o MBI, son, por lo general, financiadas por deuda, debido a que el equipo de administradores no posee en su patrimonio personal, los fondos requeridos para, por si solos, realizar la transacción o no están dispuestos a tomar el riesgo financiero completo de la misma.

Desde la perspectiva de los directores que adquieren la empresa, el proceso tiene tanto beneficios como riesgos. Por un lado, existen expectativas de independencia financiera significativa y riesgo menor, comparado con el inicio de un negocio desde cero. En contravía, está el hecho de que para una adquisición apalancada se coloca una gran carga de deuda sobre la empresa, que presiona a la administración para la generación de retornos a corto plazo, lo que afectará los flujos dedicados a la reinversión para el sustento del crecimiento a largo plazo.

Para la conclusión exitosa de un proyecto MBO o MBI, la compañía y la directiva han de completar ciertos requisitos (ver Ilustración 9).

Principales factores de éxito en un MBO/MBI	
Requisitos de la compañía	**Requisitos de la directiva**
• No debe requerir inversiones considerables. • Activos subvalorados. • Capacidad de adquirir y servir nueva deuda. • Independencia y autonomía del personal clave de la compañía. • Posición del mercado ventajosa. • Estar dentro de un mercado con fuertes barreras de entrada a nuevos participantes. • Poca o nula inversión en desarrollo tecnológico. • Utilidades y flujo de caja estables. • Mercado en crecimiento.	• Experiencia y experticia dentro de la industria específica. • Habilidades administrativas (conocimientos técnicos por sí solos no son suficientes). • Deseo de tomar riesgos. • Suficientes recursos económicos. • Buen contacto con proveedores de financiamiento. • Entendimiento completo del plan de adquisición.

Ilustración 9. *Principales requisitos en un MBO/MBI exitoso*

En teoría, estos factores de éxito son los buscados por los inversionistas al momento del análisis de la empresa objetivo, sin embargo, en la práctica no aplicarán todos los factores. El análisis de la existencia o no de dichos factores, serán puntos de referencia para la identificación de las oportunidades y los riesgos de todo el proyecto MBO/MBI.

La ilustración 10 enumera las oportunidades y amenazas de una transacción MBO/MBI.

Oportunidades y riesgos de un MBO/ MBI	
Para la compañía y sus accionistas	**Para la nueva directiva/inversionistas**
Oportunidades • Ordenada sucesión del control corporativo. • La compañía mantiene su estructura sin mayor alteración. **Amenazas** • La continuidad de la empresa dependerá del nuevo equipo de directores. • El precio de la adquisición está limitado por la capacidad del servicio a la deuda de la empresa objetivo.	**Oportunidades** • Posibilidad de alcanzar independencia financiera. • Relativo menor riesgo comparado con la creación de un nuevo negocio. **Amenazas** • La nueva administración puede enfrentar dificultades de liderazgo entre los colaboradores. • Altas presiones por lograr retorno a corto plazo. • Requerimiento de gran liquidez para el servicio de la deuda. • Fondos limitados para inversiones de capital (CapEx).

Ilustración 10. *Oportunidades y amenazas en MBO/MBI*
Fuente: Eayrs, W.E. (2005)

2.3.2. Inversionistas financieros (financial investors)

Se conocen como inversionistas financieros a aquellas entidades corporativas que realizan inversiones en empresas con el objetivo de financiar alguna etapa específica de dicha empresa, estos inversionistas serán, por ejemplo: bancos, fondos de inversión o administradores de inversiones. La perspectiva de inversión de un inversionista financiero es, en esencia, diferente de los intereses del equipo de directores que realizan la adquisición o de un inversionista estratégico que busca sinergias mediante la fusión o adquisición. El inversionista financiero se enfoca solo en el retorno financiero que signifique su inversión en el plazo estipulado.

Las características de la inversión se definirán de modo individual, mediante un acuerdo legal (contrato), donde —en esencia– se estipulan características como el método por el cual el inversionista financiero recibirá su retorno sobre los fondos invertidos (por ejemplo, mediante un dividendo periódico, mediante oferta pública al final del horizonte de inversión, o a través de un método híbrido), además se definirá el horizonte de inversión, los colaterales que garantizarán la operación, y algún nivel de supervisión de metas.

2.3.3. Inversionista estratégico (strategic investors)

Los inversionistas estratégicos son entidades con un interés corporativo de diversificación y expansión de su negocio actual mediante el alcance de sinergias derivadas de la fusión o adquisición con la empresa en venta, por ende, su enfoque es a largo plazo, a diferencia de una fusión con inversionistas financieros o inversión apalancada de un equipo de directores internos o externos.

Una transacción FyA con inversionistas estratégicos beneficiaría, en especial, a los accionistas originales de la empresa en venta, ya que, por un lado, se resolvería el problema de sucesión (si ese fuese el motivo), además, estos accionistas podrían negociar el cambio de sus acciones por acciones de la nueva empresa, una entidad mayor, con flujos de caja más estables.

Contrato de servicio (mandate)

En las primeras etapas del *beauty contest*, el banco de inversión propone una lista de varios inversionistas potenciales (entre inversionistas financieros, estratégicos y MBO/MBI), los cuales son presentados en el documento llamado lista larga (*long list*). Luego de que el banco de inversión gana el mandato (mediante el contrato de servicios) de avance con el proceso FyA, este último depura el listado a una lista corta (*short list*). En el proceso de depuración de la lista de prospectos inversionistas, los siguientes criterios son considerados:

- Rango de ingreso máximo y mínimo
- Localización geográfica
- Años de actividad
- Cuota del mercado
- Reputación (tanto a favor como en contra)
- Reputación del equipo directivo
- Canales de distribución
- Tecnología
- Cultura corporativa
- Fortalezas específicas (por ejemplo: IyD, ventas, o producción)
- Servicios o productos
- Industria
- Estatus como empresa pública o privada

No son inusuales los casos en los cuales el vendedor se enfoca en un grupo de inversionistas, ya sea en inversionistas estratégicos o financieros, sin embargo, a fin de mantener una sana competencia en el proceso, se recomienda que también se aborden uno o dos posibles compradores de otro grupo (ya sea estratégico o financiero). Cabe resaltar que la definición de la lista corta es algo flexible, ya que, en el proceso, habrá candidatos que dejen las negociaciones y el banco de inversión deba abordar a otro posible candidato que estuvo en la lista larga.

Summary

There are three types of potential buyers for a firm:
- A management team from inside or outside the company
- Financial investors
- Strategic investors

MBO or MBI

In management buy-outs (MBOs), the potential buyer is the current management of the company. In management buy-ins (MBIs) an external management team is the potential buyer.

Financial investors

Financial Investors are corporate entities which invest in firms with the objective of gain return from financing a specific stage of the firm. Examples of financial investors: Banks, Investment Funds.

Strategic investors

Strategic investors are interested in further diversifying or expanding their current business activities and are not only focused on short-term financial gains. Thus, they might better meet the needs of many small and medium sized companies, which are facing a succession problem for example. Such a deal can also be potentially beneficial for the original shareholders. That is, after conclusion of the deal, the old shareholders will receive shares in a larger company with more stable cash flows and a stronger basis for business operations.

2.4. Asesores y consultores

Debido a la complejidad y poca frecuencia de estructuración y ejecución de todo el proceso de transferencia de la propiedad de una empresa, se recomienda que se involucren profesionales de ramas diversas que aseguren el desenvolvimiento óptimo del proceso. El número de asesores y consultores necesarios para una determinada transacción FyA dependerá del tamaño y de la complejidad de esta, sin embargo, los asesores principales (ver Ilustración 11) en el proceso FyA son los siguientes:

- Banco de inversión
- Auditores y asesores de impuestos

- Abogados
- Otros asesores especiales de la transacción

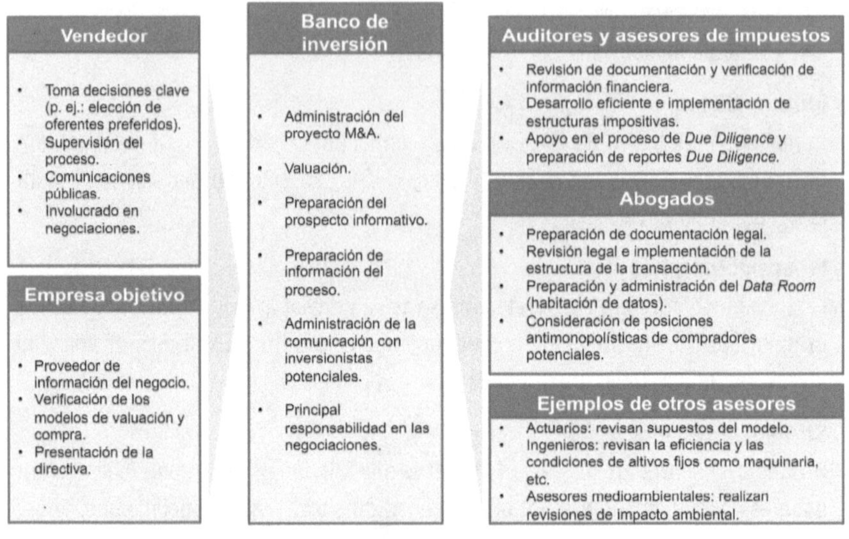

Ilustración 11. *Asesores en transacciones FyA*

2.4.1. Banco de inversión o servicio de desarrollo corporativo

Los servicios de banca de inversión (*investment banking*) o desarrollo corporativo (*corporate development*) desempeñan el rol principal en el proceso de venta. Este tiene la responsabilidad primaria en la mesa de negociación gracias a su detallado conocimiento de las características del vendedor y del comprador. Entre las tareas del asesor de banca de inversión se cuenta con la preparación del prospecto informativo, y todos los documentos de información entre las partes, tanto del vendedor, los candidatos a compradores, los asesores y consultores, además coordina las entrevistas de presentación de los equipos de administración.

En el cuadro siguiente se presenta el listado de principales bancos de inversión del mundo:

Tabla 1. Lista de algunos de los principales bancos de inversión del mundo
Morgan Stanley
Goldman Sachs
JP Morgan Chase & Co.
Citigroup, Inc.
BofA Securities, Inc.
UBS
Barclays Capital
Deutsche Bank
Evercore Partners
Rothschild & Co.
Macquarie Group
Nomura Holdings
Blackstone Group Holding

Firmas globales de asesoría como Grant Thornton han desarrollado la práctica de desarrollo corporativo y FyA que apoya a clientes tanto compradores como vendedores para navegar el proceso de fusiones y adquisiciones en transacciones locales o transfronterizas.

2.4.2. Auditores y asesores fiscales (auditors and tax advisers)

Interesa a todos los involucrados en la transacción la definición clara de los activos y pasivos de la compañía en venta; por tal motivo son necesarios los auditores para la revisión y verificación de los estados financieros, bajo normas internacionales aceptadas, por ejemplo, NIIF o USGAAP.

Firmas globales como Grant Thornton cuyos orígenes del nombre actual vienen desde 1986, luego de fusiones y alianzas entre firmas con historias que se remontan algunas hasta 1868 (Baker & Co.), 1844 (Glasgow Robert McCowan), 1904 (Thornton & Thornton), 1924 (Alexander Grant & Co); han alcanzado un nivel de desarrollo que trascienden la oferta de servicios de auditoría. Para las transacciones de fusiones & adquisiciones, este tipo de firmas son un gran aliado tanto para el vendedor como para el grupo comprador.

En etapas previas al inicio de una transacción de fusiones y adquisiciones, la empresa que se pondrá en venta cuenta con el respaldo de firmas como Grant Thornton para servicios de auditoría de estados financieros bajo normas internacionales aceptadas, valoración de activos e instrumentos financieros, asesoría en el uso de las mejores prácticas en el reconocimiento y presentación de información financiera; todos estos son servicios que fortalecen la confianza de los inversionistas en la información de la empresa, por lo que es de importancia vital su instalación óptima antes del inicio de cualquier transacción corporativa.

Durante el proceso de fusiones y adquisiciones, el equipo consultor de firmas como Grant Thornton son integradas en diferentes áreas, por ejemplo:

Debida diligencia: contratado por el grupo comprador, la firma de asesores realiza una revisión integral de la empresa objetivo para la validación de la fortaleza de los factores fundamentales de esta última. Una debida diligencia es un proceso armado de forma específica para cada empresa, puesto que se ajusta al modelo de negocio; por tal razón, el equipo de la firma asesora cubre un amplio espectro de especializaciones, desde contadores, especialistas financieros, fiscales, abogados, incluso otros especialistas como ingenieros, arquitectos, ambientales, actuarios, entre otros.

Asesoría fiscal: los servicios de asesoría fiscal no solo tienen un impacto en la estructuración de la transacción, sino también en las operaciones de la empresa integrada (luego de la fusión).

Primero, el costo de la transacción de fusiones y adquisiciones varía dependiendo de la estructura que se elija, ya que cada alternativa tendrá un tratamiento fiscal distinto que volverá más o menos eficiente los costos de la transacción.

Por ejemplo, de elegirse una transacción de acciones tiene costos fiscales distintos a una transacción de compra de activos; cada escenario será analizado por especialistas fiscales.

Por otro lado, la estructura legal que se elija para la operación de la empresa luego de la transacción tendrá un impacto en los costos fiscales en los que incurra la operación en el largo plazo, lo que incluso repercutirá en la capacidad de generación de flujos de efectivo libre para los nuevos dueños y con ello, en la valoración de la inversión.

En Latinoamérica, para el año 2022 se registraron transacciones de FyA por valor de USD 42.9 mil millones[2] de estos, más del 80 % de las transacciones son transfronterizas (exceptuando Brasil que tiene una relación de 50 % locales y 50 % transfronterizas). En este sentido, la importancia de contar con una firma con experiencia y alcance global es imprescindible para el reporte de la información financiera sustentado en el lenguaje de los negocios internacionales, la ejecución de debidas diligencias analizando el contexto internacional, además del entendimiento de los diferentes marcos regulatorios en materia fiscal para la estructuración de las transacciones FyA transfronterizas.

---

2 «2022 Deal Trends in Latin America», S&P Market Inteligence (marzo 2023).

2.4.3. Abogados (lawyers) y habitación de datos (data room)

Los abogados constituyen una parte esencial para cubrir todos los elementos legales entre las relaciones de las partes. La participación de los abogados iniciaría con una revisión legal e implementación de la estructura de venta.

De manera adicional, el vendedor también exigiría un *due diligence* al comprador potencial por parte de sus abogados. La labor de los abogados concluye con la preparación de los documentos legales del proceso.

2.4.4. Otros asesores (other advisers)

Dependiendo del sector de la compañía objetivo (en venta), se necesitará el aporte de estudios especializados de otros tipos de asesores, por ejemplo: actuarios, ingenieros, asesores medioambientales, etc. La información derivada de estos asesores agregará exactitud y confianza a las decisiones que deberá tomar el comprador y el vendedor con relación a todo el proceso de la adquisición y las estrategias posteriores a la compra.

Summary

The seller and the potential buyer are not the only two parties that are involved in the sales process of the company. Since the transfer of ownership of a business is a complex activity that is done infrequently, the involvement of professional advisers is highly recommended. The main advisers in an M&A transaction are as follows:
- Investment Banks
- Auditors and tax advisers
- Lawyers
- Other advisers

2.5. Contrato de servicios (mandate)

Tanto el vendedor como el comprador deberán definir sus objetivos de la transacción y sus expectativas con relación a los servicios de sus asesores, en un documento obligatorio al inicio del proceso de compraventa. Esto se logrará mediante el **contrato de servicios**. En algunos lugares se le conoce a este documento como la carta de mandato o *mandate letter*. El **contrato de servicios** entre el asesor de banca de inversión y el vendedor contiene, casi siempre, los siguientes elementos centrales:

1. *Reconocimiento de las partes y los objetivos del acuerdo*

- Primero, las partes se identifican y a las personas que ostentan el poder necesario para representarlas en el contrato.
- El cliente identifica la intencionalidad de desinversión de manera parcial o completa en la compañía. Además, se reconoce la compañía objetivo y todas sus subsidiarias directas o indirectas, así como diferentes participaciones.
- Se define la transacción.
- El cliente nombra al asesor de banca de inversión para que sea su asesor en las negociaciones relacionadas con la venta.

2. *Principales obligaciones de y servicios proveídos por el asesor de banca de inversión*

El asesor de banca de inversión deberá, en coordinación con su cliente, proveer los siguientes servicios:

- Se familiariza con la compañía objetivo, su negocio, y su situación financiera.
- Prepara una lista de compradores potenciales; inicia y orquesta las negociaciones con estos compradores

potenciales, en cercana colaboración con el cliente; y asesora al cliente en relación con dichas negociaciones.

- Asesora al cliente en la preparación de la estructura de la transacción en sus términos legales y financieros.
- Asiste al cliente en la preparación y ejecución de presentaciones relacionadas con la transacción.

3. *Honorarios*

Los honorarios se estructuran de dos formas:

- Un componente fijo: Es pagado de forma mensual. En transacción de FyA pequeñas, este cargo es calculado sobre la base de horas-hombre proyectadas, además es negociable entre el cliente y el asesor a un nivel máximo. En transacciones más grandes, el asesor de banca de inversión establece un cargo que dependa y cubra todos los costos incurridos, por ejemplo: investigación de datos, comunicaciones, transporte, etc.
- Un componente variable: Llamado comisión de éxito y se calcula como un porcentaje del valor de la transacción. El objetivo de esta comisión es de alineación de los intereses del banco de inversión con los intereses del cliente, y así mitiga el *principal agent problem* entre ambas entidades.

4. *Obligaciones anexas del cliente*

- Durante el periodo en el que rija el acuerdo, el cliente contrata al asesor de banco de inversión en términos de exclusividad para el desempeño de los servicios especificados en el acuerdo.
- Previa solicitud del asesor de banca de inversión, el cliente deberá, con diligencia, proporcionarle a dicho asesor

toda la información necesaria, ya sea financiera, operativa, legal, corporativa, etc.

- El cliente entrará en negociaciones con un potencial comprador, con sus accionistas o directores, solo bajo consentimiento del asesor de banca de inversión.

- El cliente acepta que el asesor de banca de inversión utilice la información pública de la compañía para emprender las funciones de asesoría especificadas en el acuerdo, sin que este tenga responsabilidad de su exactitud. En otras palabras, el cliente será responsable de la información pública y sus consecuencias.

5. *Responsabilidad*

El asesor de banca de inversión será responsable solo por daños causados por incumplimiento intencional o negligencia del acuerdo firmado.

6. *Confidencialidad*

- El asesor de banca de inversión mantiene toda la información recibida de parte del cliente, bajo este acuerdo, como información confidencial. Esto no aplica para información disponible publicada con antelación.

- El asesor de banca de inversión publicará información confidencial solo bajo consentimiento del cliente, a menos que regulaciones aplicables fuercen dicha revelación.

7. *Terminación*

- Cualesquiera de las partes, previa notificación tendrá la facultad de culminación del contrato. En la notificación de terminación se expresarán las causas. Luego de

la terminación, algunas responsabilidades acordadas per-
manecerán, por ejemplo, la de confidencialidad.

8. *Ley aplicable y solución de discrepancias*
   - La ley aplicable que gobierne el documento será identificada.
   - Además, se identifica el árbitro certificado, por el cual se expresará cualquier discrepancia generada por el contrato en cuestión.

9. *Misceláneas*
   - Se aclara que el presente contrato contiene todos los elementos acordados entre el cliente y el asesor de banca de inversión, en relación con la transacción de venta, por lo tanto, no habrá otro documento que rija esta relación.
   - Se declaran otros puntos que las partes acuerden importantes.

Summary

Both the seller and the buyer should define the transaction objective and their expectations towards the advisors in detail and in a binding nature at the beginning of the sale process. This can be accomplished with the mandate letter. The mandate letter between the investment bank and seller usually contains the following core elements:
- Subject matter and objective of the agreement
- Principal obligations of and services rendered by the Investment bank
- Remuneration
- Ancillary obligations of client
- Liability
- Confidentiality
- Termination
- Applicable law and dispute settlement
- Miscellaneous

2.6. Acuerdo de confidencialidad

La fase inicial del proceso de venta se concluye con la firma del acuerdo de confidencialidad. Este documento surge de la necesidad de definición de un acuerdo entre las partes involucradas para el mantenimiento confidencial de la transacción, debido a todo el daño que ocasionaría incluso el menor rumor de venta de la compañía.

El propósito del acuerdo de confidencialidad es darle acceso al comprador interesado a tanta información interna de la compañía objetivo como desee el vendedor.

Antes de la conclusión de las negociaciones, un comprador potencial requiere información detallada para la confirmación de su interés en la compañía objetivo. Además, un vendedor prudente también reclamará información interna del comprador potencial, para así evaluar si este último hará frente al peso financiero que significa la adquisición de la compañía objetivo. Al vendedor no le conviene perder el tiempo en negociaciones con un comprador interesado que no tenga la capacidad de levantar los fondos necesarios para la adquisición.

Es usual que el acuerdo de confidencialidad contenga elementos como los siguientes:

- Los derechos del acuerdo de confidencialidad son intransferibles a una tercera entidad que no esté contemplada en el acuerdo.
- No se permite un contacto directo entre ejecutivos de ambas entidades (comprador y compañía objetivo).
- Toda la información recibida por el comprador potencial será devuelta a la compañía objetivo en caso de requerirla.
- El comprador potencial se compromete a no contratar a miembros del equipo administrativo de la compañía

objetivo, por un periodo definido posterior a la terminación (ejemplo, dos años).

Una vez que se reciba el acuerdo de confidencialidad, el vendedor revela el nombre de la compañía objetivo al comprador. Por su lado, el comprador se asegura de mantener la información recibida bajo estricta confidencialidad. En la práctica, resulta difícil la medición de la efectividad del acuerdo de confidencialidad, sin embargo, la claridad del acuerdo evita errores de interpretación.

Summary

The initial phase of the sales process concludes with the confidentiality agreement. Since an early public awareness of merger talks can do harm to the seller's and the buyer's business operations, there must be some sort of mutual agreement to reduce the likelihood of such a drawback.

Usually, the confidentiality agreement contains the following core elements:

- That the confidential information cannot be passed on to other parties, except in the case they join the confidentiality agreement.
- That direct contact with target company staff is not permitted.
- That all information obtained by the target company must be returned upon request by the target company, at the latest after acquisition negotiations have been terminated.
- That the confidentiality agreement does not guarantee a subsequent transaction.
- That the interested party must refrain from hiring target company staff in a period after termination of confidentiality, usually at least for the next 1–2 years.

CAPÍTULO 3

Contactando a la contraparte interesada (fase 2)

3.1. Documentación

Perfil anónimo (anonymous short profile)

Junto al acuerdo de confidencialidad, el comprador potencial recibe un documento llamado «perfil anónimo». En algunas prácticas, a este documento se le llama «perfil ciego».

3.1.1. Perfil anónimo

En el perfil anónimo, el nombre de la compañía objetivo no se menciona, en su lugar, se presenta un nombre clave del proyecto. El arte de escribir un perfil anónimo reside en la eficacia de los siguientes dos objetivos:

- por un lado, la presentación al comprador potencial de la suficiente información para que este defina su interés en avance del proceso de compra;
- y a la vez la limitación de la información con el propósito de que el interesado no identifique a la compañía objetivo.

3.1.2. Memorándum informativo

El memorando informativo es el documento de venta por excelencia. En algunas prácticas es conocido como «cuaderno de venta». Este documento es construido por el asesor de banco de inversión en conjunto con la administración de la compañía objetivo y se le distribuye a todas las entidades con un interés primario de ser compradores. Los compradores interesados podrán utilizar este documento como referencia a través de todo el proceso de adquisición, sin embargo, se prohíbe con rigor la realización de copias de este memorándum informativo. Dentro del memorándum se presenta la información necesaria para responder a las interrogantes básicas de cualquier interesado. El memorándum informativo le proporcionará al interesado la información mínima necesaria para ayudarlo a crearse un juicio razonable sobre las oportunidades, evaluación de las posibles sinergias y las estrategias que podrían emprender ambas entidades; toda esta información será utilizada por el comprador potencial como base para la emisión de su oferta inicial.

El asesor de banca de inversión se esfuerza para que el memorándum informativo provea la siguiente información:

- El motivo de la venta
- Una descripción precisa de la compañía objetivo incluyendo:
  * Estructura organizacional
  * Desarrollo histórico
  * Estructura accionaria
  * Productos
  * Mercado
  * Clientes
  * Producción
  * Tecnología
  * Proveedores
  * Ventajas competitivas
  * Información financiera
- Revelación de información importante para que la decisión sobre la inversión esté fundamentada

- Declaración de confidencialidad la cual será preservada para la protección del valor de la transacción

En la estructura este documento se podrá observar lo siguiente:

* Resumen ejecutivo
* Perfil de la compañía
* Análisis FODA
* Mercado y competidores
* Productos y cadena de distribución
* Personal y organización administrativa
* Finanzas

La información presentada en el memorándum informativo constituirá una imagen fiel de la situación de la compañía objetivo, ya que cualquier información deshonesta será descubierta luego en los procesos de debida diligencia, en cuyo caso tendría consecuencias funestas para toda la transacción. En este mismo sentido, el memorándum informativo representa una gran oportunidad para el inicio de la relación con el comprador sostenido en la confianza, mostrándole la buena disposición de la prosecución de todos los procesos hasta el final, mitigando los problemas que generan negociaciones bajo informaciones asimétricas entre el comprador y el vendedor (Ilustración 12).

Memorándum informativo	
Funciones	**Estructura**
• Los inversionistas potenciales podrán valorar la compañía rápidamente y evaluar sus oportunidades de inversión. • La presentación de información relevante de la compañía sirve de base para negociaciones enfocadas y objetivas.	• Motivos de la venta. • Consideraciones de Inversión. • Estructura accionaria actual. • Desarrollo histórico de la compañía. • Descripción de la compañía, incluyendo (pero no limitada a) productos, mercados, clientes, sistemas de producción, tecnología, etc. • Estructura organizacional, incluyendo administración y personal. • Posición de mercado y ventajas competitivas. • Relaciones con clientes y proveedores principales. • Información financiera, incluyendo proyecciones para los próximos tres a cinco años.

Ilustración 12. *Memorándum informativo*

3.2. Carta de intención (letter of intent)

La carta de intención (también conocida como oferta no vinculante) formaliza las razones para la ejecución de la transacción, los términos y condiciones principales, y las responsabilidades de las partes involucradas. Mediante la carta de intención, el comprador define su interés en el avance de las negociaciones y en la concreción del proceso de adquisición. Además, esta carta realza la confianza y estrecha las relaciones entre las partes y contribuye al mutuo entendimiento, que será necesario para las etapas siguientes que implican las negociaciones de valoración y ofertas vinculantes.

En la carta de intención, el comprador interesado proporciona una reseña breve de la estructura y objetivos de la transacción. Un punto importante es el método de pago a los accionistas actuales de la compañía objetivo, ejemplo: en efectivo o acciones, en un solo pago o en varios. Además, en la carta de intención se aclaran los próximos pasos de la relación entre el comprador y el vendedor hacia la consumación de la transacción, por ejemplo, se definen los tipos de datos que serán intercambiados entre el comprador y el vendedor durante el proceso de debida diligencia, se define el tiempo requerido para el proceso de debida diligencia, entre otros detalles.

Es usual que el comprador requiere exclusividad en los procesos subsiguientes, lo que significa que el vendedor se abstiene de negociaciones simultáneas con otro interesado en la compra, al menos hasta después de que el firmante de la carta de intención haya culminado esta.

Summary

Anonymous Short Profile
In the short-profile, the name of the target is not mentioned but covered by a project name. The art of writing a good short-profile is to provide the interested party with sufficient information to enable the potential buyer to decide whether he wants to proceed or terminate the process. On the other side, the seller must ensure that the potential acquirer cannot identify the target based on the short-profile.

Information Memorandum
The information memorandum is a key sales document. It is formulated by the seller's investment bank and is distributed to all interested buyers, for which this represents a crucial document. The memorandum must contain the basic information necessary to answer the questions that any interested buyer could have.

The following key issues should always be covered in an information memorandum:

- The motives for the sale.
- A precise and thorough description of the target and its business operations that are to be sold (including organisational structure, historic development, shareholder structure, products, markets, customers, production, technology, suppliers, competitive advantages, and financial information).
- The disclosure of relevant information must be sufficient to allow an informed investment decision.
- Confidentiality must still be ensured to preserve the value of the operation.

Usually, an information memorandum covers the following issues:
- Management summary
- Company profile
- SWOT analysis
- Market and competitors
- Products and distribution
- Personnel and organisation
- Financials

Letter of Intent

The indicative offer or non-binding offer or letter of intent (LOI) states the reasons for the transaction, its major terms and conditions and the responsibilities of the parties involved in a formal way. The LOI does not present an obligation to complete the transaction.

In the LOI, potential buyer provides a brief outline of the structure and the strategic objectives of the transaction. Of special interest is a statement about the payment method (cash or stock). A preliminary purchase price ought to be expressed as a range or as a multiple of an earnings figure.

Caso de estudio: Carta de intención de compra de *Great Deal, S.A.*

Panamá, 28 de septiembre de 2022

Señor

ANTONIO VENDEDOR

Great Deal, S.A.

Ciudad

E.   S.   M.

Estimado Señor:

Por este medio tenemos a bien presentar nuestra propuesta para el 100 % de las acciones de la sociedad denominada *Great Deal, S.A.*

1. *Comprador:*

Sociedad denominada *PowerCapital, Inc.* Representada por el Sr. Fernando Comprador.

2. *Vendedor:*

Antonio Vendedor.

3. *Objeto:*

Suscribir un contrato de promesa de compraventa del 100 % de las acciones de la sociedad *Great Deal, S.A.*

4. *Precio de compra:*

El comprador propone un precio de B/.20.21 por acción en circulación, sujeto a cambios luego de la debida diligencia.

6. *Fecha de cierre:*

Las partes interpondrán sus mejores esfuerzos para que una vez se hayan completado los pagos y los plazos indicados en esta carta se suscriban un contrato de compraventa definitivo.

7. *Condiciones precedentes acordadas:*

1. Debida diligencia: A partir de la firma de la presente carta de intención, y hasta la fecha de cierre, los compradores llevarán a cabo una investigación de debida diligencia. Los vendedores y la empresa se obligan a suministrar a los compradores y a las personas a las que este designe, toda la información de la empresa objetivo que, a juicio de los compradores, sea necesaria para llevar a cabo la investigación de la empresa objetivo. Si producto de dicha investigación los compradores encuentran deficiencias materiales en la sociedad o sus activos, las notificará antes de la fecha de cierre a los vendedores y estos y los compradores se pondrán de acuerdo para que los vendedores las reparen por su cuenta, a satisfacción de los compradores.

8. *Fideicomiso*

Las acciones de la empresa denominada *Great Deal, S.A.* se traspasarán a título fiduciario durante la vigencia del contrato de promesa de compraventa a una fiduciaria elegida entre las partes. En caso de que se proceda con la compra de las acciones de una sociedad, se deben traspasar al fiduciario las acciones endosadas a favor del fiduciario. Se debe suscribir un contrato con la fiduciaria donde se indique que una vez completados los pagos de la compraventa, esta debe entregar al comprador las acciones endosadas.

9. *Carácter vinculante*

Esta carta de intención no es vinculante y se limita de forma explícita a una invitación y no a un acuerdo o de otra manera, para el inicio de negociaciones para un contrato de promesa bajo los términos y condiciones expresados en este documento. Esta carta de intención constituye solo una expresión de interés y no es un acuerdo para la consumación de la transacción contemplada, la conducción de nuevas negociaciones o la celebración de un contrato de promesa u otro acuerdo. Cualesquiera de las partes terminará de modo unilateral las negociaciones en cualquier momento y por cualquier razón, sin responsabilidad alguna para con la otra parte, y cada parte procederá con cualquier acción tomada en previsión de un contrato de promesa futuro u otro acuerdo a su propio riesgo y gasto, incluidos los gastos relacionados con las negociaciones.

10. *Aceptación:*

Queda entendido que la presente carta es conocida y aceptada por ambas partes, obligándose a cumplir los deberes establecidos en cada una de las cláusulas pactadas; por lo tanto, aceptan todas sus cláusulas en la forma establecida y de ninguna manera se revocaría la misma.

11. *Gastos:*

Cada parte asumirá los gastos en que incurra por la transacción objeto de la presente opción de arrendamiento, incluyendo los gastos de abogados.

12. *Cesionarios:*

Este documento será vinculante para las partes y sus sucesores, pero los derechos y obligaciones que dimanan de la misma serán intransferibles a terceros, ni en todo ni en parte, sin el consentimiento previo y por escrito de la contraparte.

Sin perjuicio de lo anterior, los compradores podrán ceder sus derechos y obligaciones a una empresa de la que sean sus beneficiarios sin el consentimiento previo de los vendedores y empresa objetivo.

13. *Jurisdicción y competencia:*

Este acuerdo estará sujeto a las leyes de la República de Panamá.

Toda discrepancia o disputa que surgiere entre las partes con relación a la celebración, validez, interpretación o ejecución de esta carta de intención o de cualquiera de sus cláusulas se someterá a arbitraje en derecho en la ciudad de Panamá, República de Panamá, en el Centro de Conciliación y Arbitraje de la Cámara de Comercio, de conformidad con el Reglamento de Arbitraje del Centro de Conciliación y Arbitraje de la Cámara de Comercio. El idioma que se utilizará en el arbitraje será el español. El tribunal de arbitraje estará compuesto por tres

(3) árbitros. Los compradores nombrarán a un árbitro y los vendedores nombrarán a un árbitro, y una vez aceptado el cargo por los dos (2) árbitros designados por los compradores y los vendedores, estos designarán a un tercero. En caso de que no pudieran ponerse de acuerdo, acudirán al Centro de Conciliación y Arbitraje de Panamá para que este nombre al tercero, de conformidad con el Reglamento de Arbitraje. El laudo arbitral se dictará por escrito, será definitivo y vinculante para las partes e inapelable.

Una vez que el laudo se haya dictado y se encuentre firme, producirá los efectos de cosa juzgada material y las partes deberán cumplirlo sin demora. Los gastos relacionados con el arbitraje y los honorarios de los árbitros serán asumidos por los compradores y los vendedores en igual proporción conforme el procedimiento avance. Los honorarios de los respectivos asesores, peritos y abogados serán asumidos por cada parte. Todo esto sin perjuicio de la obligación de reembolso de cualquier gasto que le corresponda a la parte perdedora a favor de la parte ganadora. El laudo deberá pronunciarse sobre la responsabilidad de la parte perdedora por esos gastos, condenándola al pago de los mismos y ordenándola a reembolsarlos a la parte ganadora.

En fe de lo cual, se suscribe el presente documento en dos (2) ejemplares del mismo tenor y validez, en la ciudad de Panamá, a los [__] días del mes de septiembre de 2022.

Esperamos que esa propuesta sea de su agrado y quedamos a la espera de su respuesta.

Muy atentamente,

Power Capital, Inc. ______________________________

Great Deal, S.A. ______________________________

CAPÍTULO 4

Aspectos financieros del proceso de FyA (fase 3)

4.1. Due diligence

El proceso de *due diligence* o debida diligencia es un elemento clave en todas las transacciones de finanzas corporativas tales como:

- FyA
- Capital privado
- Financiamiento de adquisición
- Oferta pública de adquisición
- De público a privado

Durante la fase de *due diligence*, se le concede al comprador interesado la oportunidad de estudio de toda la información sensitiva de la compañía objetivo, lo que le permitirá la evaluación de la compañía en venta y la certeza de un valor más preciso; así como el refinamiento de todo el plan de adquisición en relación con temas como las necesidades de financiamiento, estrategias de sinergias posteriores, entre otros.

La práctica óptima es la reservación de las etapas definitivas de valoración, estructuración y decisiones de financiamiento para momentos posteriores a la conclusión del *due diligence*; sin embargo, es probable un acuerdo de realización del *due diligence* como una de las últimas etapas, en estos casos se definirán supuestos en la valoración y la estructuración inicial, y luego del *due diligence,* estos modelos se refinarán con la información recabada.

4.2. Valoración

En todo proceso de finanzas corporativas, las decisiones se sostienen con cifras fundamentadas en un método de valoración definido.

Existen diferentes métodos de valoración internacional utilizados, entre los cuales están:

- Flujo de efectivo descontado
- Método de opción real
- Método de múltiplos
- Valoración de unidad independiente (basado en el valor de liquidación)
- Valoración de unidad independiente (basado en valor de reposición)
- Valor en libro

4.3. Estructuración

Tanto el comprador como el vendedor tienen como objetivo hacer que la transacción FyA que emprendan maximice el valor de sus accionistas, en consecuencia sus intereses serán divergentes y antagónicos.

A pesar de los intereses confrontados de las partes, se podrá lograr una transacción satisfactoria y sostenible para las partes si se llega al mutuo acuerdo en los elementos más importantes de la estructuración. Estos elementos son:

- Objeto de la adquisición: Definición minuciosa de la entidad que se adquirirá.
- Vehículo de adquisición: Estructura legal

- Organización posterior al cierre: Acuerdo en la organización legal y corporativa en un estado de integración
- Forma de pago: Efectivo, acciones, títulos de deuda
- Estructura impositiva: Acuerdo en la mejor estructura que represente beneficios fiscales

Desafortunadamente, estos elementos son interdependientes, lo que significa que los cambios en uno repercutirán en otro, lo que hace la labor de estructuración aún más compleja.

Los **objetos de adquisición**, se refieren a la descripción de qué y cómo se transferirán los activos o acciones de la compañía objetivo al comprador. A pesar de que las alternativas son diversas, se distinguen las siguientes entre las más usuales: compra de activos, compra de acciones, intercambio de acciones por acciones, intercambio de acciones por activos y fusión.

Los **vehículos de adquisición** más usuales son las sociedades, fundaciones de interés privado y las alianzas (*joint venture*). Cada una de estas estructuras legales tiene diferentes riesgos y efectos impositivos para el comprador que merecen su consideración.

En cuanto a la forma de la **organización posterior al cierre** depende de los objetivos estratégicos del comprador.

Las **formas de pago** son en efectivo, en acciones o en instrumentos de deuda. El uso de efectivo es la más sencilla de tratar y la más usual en pagos por adquisición. Por otro lado, el uso de acciones como forma de pago en los procesos de adquisición suele ser más complicado que efectivo debido al riesgo inherente de la variación (devaluación) del precio de las acciones posterior a la adquisición. El uso de instrumentos de deuda resulta, a veces, atractivo para las partes, ya que el comprador aprovecha los beneficios fiscales del pago de intereses y el vendedor tal vez tenga un título convertible en acciones para aprovecharlo en el mejor de los casos.

La etapa de estructuración es muy compleja en todos los procesos de FyA. Cada transacción requiere una estructura específica, creada y adecuada para la misma. La labor de cómo estructurar una transacción depende de las diez reglas siguientes:

- *Regla #1*: La estructura legal debe apoyar los objetivos de la transacción FyA
- *Regla #2*: La estructura de impuesto requiere adecuación para la disminución de los gastos en impuestos
- *Regla #3*: En transacciones con un perfil internacional, las normas de contabilidad deben tomarse muy en cuenta
- *Regla #4*: Hay que tener en cuenta los elementos específicos del país/región donde se ejecuta la transacción, por ejemplo, elementos culturales o legales específicos
- *Regla #5*: La estructura organizacional posterior a la fusión/adquisición será analizada *a priori*
- *Regla #6*: Recordar siempre los objetivos de los accionistas, quienes buscan el aumento de la Tasa Interna de Retorno de su inversión
- *Regla #7*: Tener en cuenta las posiciones accionarias mayoritaria o minoritaria, si eres el accionista mayoritario de las acciones de la compañía, estarás sentado en la silla del conductor
- *Regla #8*: Compañía listada en bolsa o compañía privada, recuerda que con las compañías públicas (que cotizan en bolsa) las transacciones se tornan mucho más complejas
- *Regla #9*: Tener en cuenta el enfoque de inversión que motiva la compra. Un inversionista financiero tiene un

enfoque a corto plazo, mientras que un inversionista estratégico tiene un enfoque a largo plazo

- *Regla #10*: El financiamiento de adquisición es un elemento clave que responde la pregunta: ¿de dónde saldrán los fondos para financiar la adquisición?

Summary

Due diligence

During the due diligence phase, interested buyers are given an opportunity to study sensitive information regarding the target company. The opportunity to examine sensitive and proprietary business information enables a potential buyer to value a target company with additional precision. In addition, through this examination, the interested buyers refine their plans regarding the structure of the acquisition deal and the financing needs for completion of the deal.

Valuation

Valuation is the most important milestone in all Corporate Finance processes. All approaches have their advantages and disadvantages and help to derive a value range.

Structuring

Both seller and buyer aim at structuring a potential transaction so that their respective shareholder value is maximised. Consequently, the interests of seller and buyer may diverge.

The general structuring framework has to be tailor-made to transaction specific issues. How to structure the transaction depends on the ten rules of structuring:

Rule#1: Legal structure: The legal structure has to support M&A objectives
Rule#2: Tax structure: Minimise your tax expenses
Rule#3: Accounting rules: Consider IFRS/US-GAAP when acquiring globally
Rule#4: Country-specific issues: Be aware of intercultural differences when structuring deals!
Rule#5: Organizational structure: Think about post-merger integration now
Rule#6: Shareholders' interest: Do not forget your shareholders' interest: they want to maximise their internal rate of return
Rule#7: Minority or majority position: If you hold the majority of shares, you are in the driver's seat

Rule#8: Listed or non-listed company: Acquiring listed companies increases the complexity of transactions

Rule#9: Strategic or financial investor: Financial investors are short-term oriented –strategic investors pursue long-term interests

Rule#10: Acquisition financing: Acquisition financing determines your entire transaction structure

CAPÍTULO 5

Aspectos legales del proceso de FyA (fase 4)

5.1. Negociación (negotiation)

El éxito de una transacción FyA no se deriva solo del buen análisis de las etapas: los acuerdos definidos en las negociaciones tienen un efecto material en todo el proceso para ambas partes. El arte de la negociación será una habilidad bien dominada si lo que se busca es una transacción donde se satisfagan sus intereses.

Mucho del éxito que se alcance en la negociación depende de la preparación de esta. Por tal motivo, a continuación, se recomienda una lista de actividades a desarrollar en la preparación:

- Evaluar la posición estratégica actual y las acciones alternativas para el comprador y la compañía objetivo
- Valuar la compañía objetivo utilizando métodos diversos
- Explorar e identificar el mejor escenario posible
- Determinar un rango de precios, incluyendo el precio «intolerable» (*walk away price*), que es aquel precio límite cuyo comprador no toleraría
- Identificar los jugadores principales y sus intereses individuales
- Anticipar los costos de oportunidad
- Desarrollar habilidades de negociación como una capacidad corporativa
- Considerar las motivaciones y las aspiraciones

- Evaluar el impacto y los costos de negociar (regatear)
- Comprobar la reputación de tu contraparte
- Estudiar alternativas de persuasión, su argumento e impacto

Una vez en la mesa de negociación es recomendable la consideración de los siguientes enfoques para dirigir la misma:
- Buscar los *trade-offs* o elementos de mutua flexibilidad
- Considerar el uso de una estrategia de transparencia y total revelación
- Dominar la técnica de anclaje, anzuelo, ultimátum, influyendo así en la cantidad de veces que el precio cambia
- Recordar que el tiempo cuenta
- Respetar la cultura del interlocutor
- Administrar la política dentro del propio equipo

Algunas tácticas de negociación importantes:
- Separar las personas de los problemas
- Enfocarse en los intereses en lugar de las posiciones
- No hay ganadores o perdedores
- Generar opciones que satisfagan el interés de ambas partes
- Establecer criterios objetivos
- Considerar precio y gobierno corporativo como elementos finales

Los factores de riesgos en una negociación son los siguientes:
- Falta de química:
  Si ambos directores ejecutivos, luego de realizada su primera reunión, no hacen *click*. Por ejemplo, sin

proponérselo uno ofende al otro, el segundo tomará la defensiva; o si el precio es demasiado bajo para siquiera iniciar la negociación.

- Elementos sociales:
  * si ambos directores ejecutivos aspiran la dirección de la nueva entidad posterior a la fusión;
  * si ambos directores ejecutivos desean que la casa matriz de la nueva entidad esté en la ciudad de su localidad.
- Movimiento adverso en el precio de las acciones o tasas de interés:
  * Financiar la transacción luego de un aumento en el precio de las acciones flotantes, la torna más cara.
  * Las principales ventajas que posibilitaron la idea de la transacción merman e inclusive desaparecen.
- Hallazgos negativos
  * En el proceso de debida diligencia es posible el encuentro de realidades internas que cambian la estructura de la transacción e incluso la cancelan dependiendo de la seriedad del hallazgo, por ejemplo: problemas de contables o fiscales, patentes expiradas, cargos medioambientales materiales por cancelar, dificultades laborales, entre otros.
- Cambios materiales adversos
  * A diferencia del punto anterior, existe la probabilidad de que no se encuentran adversidades previas a la última etapa de la transacción, cuando se produce un cambio significativo en el negocio fundamental de la compañía objetivo, lo cual obliga al comprador a la cancelación de la negociación.

Summary

Negotiations aimed at designing the agreement to merge or acquire may have a material influence on the outcome. Success in M&A is not determined solely by excellent analysis. One must also master the processes of negotiation, by which deals are obtained.

The preparation for merger negotiations implies the following main activities:
- Assess the current strategic position and alternative strategic actions for buyer and target
- Value the target using a variety of approaches
- Explore the best alternative to a negotiated agreement
- Determine a price range including the "walk away" price, a price at which the buyer would walk away from the deal
- Identify the relevant players and their interests
- Anticipate trade-offs
- Consider motivations and aspirations
- Work through possible negotiation scenarios in advance
- Assess the impact of bargaining costs
- Check the reputation of your counterparty
- Reflect on persuasion, its sources, and its impact.

Actual negotiations can be managed by focusing on the following issues:
- Look for trade-offs
- Consider using a strategy of openness and full disclosure
- Master the tactics of: anchoring, making offers, using ultimatums, managing the number of times that the offer is changed
- Remember that time matters
- Develop negotiation skill as a corporate capability
- Use contingent payments to bridge a gap between two divergent positions
- Respect the other party's culture
- Manage the politics within your own team

Important negotiation tactics are:
- Separate people from problems
- Focus on interests rather than positions
- There are no winners or losers
- Generate options that are in mutual interest of both parties
- Avoid conducting "positional" negotiations
- Establish an objective criteria
- Consider price and Corporate Governance as final issues

The negotiation risk factors are as follows:
- Bad chemistry
- Social issues, control
- Adverse move in the stock market or interest rates
- Skeleton in the closet
- Material adverse change

5.2. Oferta final (final/binding offer)

La oferta final es el compromiso alcanzado en las negociaciones expresado de forma legal y obligatoria para ambas partes. La oferta final es inevitable. En contraste con la oferta inicial, la oferta final incluye los siguientes elementos:

- El precio final de compra
- Garantías que serán emitidas por el vendedor para aquellos aspectos de la negociación que serán incuantificables de modo apropiado, a pesar de la ejecución de la diligencia debida.
- Cláusulas de no competir por personal
- Un itinerario para decisiones administrativas, ejemplo: aprobación por parte de las autoridades o accionistas
- Un marco de tiempo estipulado para las firmas de los contratos de compraventa.

Summary

A binding offer is the confirmation of the negotiation results in a legally binding form for both parties. A binding offer cannot be withdrawn. In contrast with the content of an indicative offer a binding offer includes the following core elements:
- The final purchase price.
- Guarantees to be issued by the seller for those aspects of the deal that cannot be quantified appropriately despite the performance of due diligence.
- A non-compete clause for key personnel.
- An itinerary for administrative decisions, e.g. approval by authorities and shareholders.
- A time frame for signing the final sale and purchase agreement.

5.3. Contrato de compraventa y cierre

5.3.1. Contrato de compraventa

A diferencia de la carta de intención, cuyos acuerdos no son vinculantes, el contrato de compraventa es definitivo. Dentro del contrato de compraventa se definen todos los detalles relevantes para la consumación de la transacción en un esquema legal y vinculante, sobreentendido, sujeto a aprobación de los accionistas y reguladores.

En la práctica, tanto el contrato de compraventa como el documento definitivo ignoran aspectos elementales de la transacción, tales como sinergias, costos de oportunidad en el diseño de la transacción, planes para la integración, detalles organizacionales y de gobernabilidad, arreglos financieros, nombramientos ejecutivos y esquema de compensación, y reconocimientos sobre la cultura de la nueva compañía.

La pregunta obligada es: ¿si una transacción FyA consiste en una serie de elementos negociados con eficiencia y alineados, por qué el documento legal final refleja solo una porción del todo?

El enfoque limitado del contrato de compraventa se explica de la siguiente manera: el contrato de compraventa es una herramienta de administración de riesgo dirigido solo a regir el cumplimiento de la transacción.

Los contratos finales de compraventa contienen un número de elementos comunes que incluyen los siguientes:

1. Las partes actuantes en el contrato (parties to the deal)
Un contrato inicia identificando a las entidades que participan en la transacción.

2. Reconocimiento (recitals)

Esta sección permite al lector el entendimiento de los objetivos que tiene cada parte con la transacción. Además, esta sección tiene un aspecto de administración de riesgo, dado que se presentan las razones y fundamentos lógicos que impulsan a cada entidad a la firma del acuerdo, lo que sirve como punto de partida en alguna situación de discusión.

3. Definición de términos (definition of terms)

Aquí, se estipula un entendimiento mutuo de los términos utilizados a través de todo el contrato. En transacciones complejas e inusuales como lo son FyA, es importante dejar todos los elementos definidos con claridad.

4. Descripción básica de la transacción (description of the basic transaction)

En esta sección se define *grosso modo* la transacción. Compraventa de activos o de acciones, por parte de quién, a favor de quién, cómo y cuándo.

5. Cláusulas pactadas (covenants)

Aquí, el contrato define cláusulas contraproducentes administrando riesgos por una mala práctica de algunas de las partes que emerjan entre la firma del contrato hasta el cierre definitivo de la transacción. Las cláusulas son promesas o compromisos adquiridos. Las cláusulas serán afirmativas (promesas de algo que se hará) o negativas (promesas de algo que no se hará).

6. Condiciones de cierre (conditions for closing)

El contrato de compraventa, como documento legal definitivo, define las condiciones que cada entidad observa con el fin de la consumación de la transacción. Si una de las partes no cumple con su parte del trato, la otra reclamará derechos sobre la transacción, como por ejemplo, darla por terminada (cancelada) sin perjuicio o reclamo alguno por su contraparte.

7. Terminación (termination)

En esta sección se definen las condiciones por la cual una de las partes le permitiría a la otra terminar los procesos sin penalidades.

8. Indemnización (indemnifications)

El contrato de compraventa en esta sección especifica pagos por indemnización en el evento de pérdidas descubiertas luego del cierre, o alguna discordancia en el acuerdo.

9. Temas misceláneos (miscellaneous ítems)

5.3.2. Cierre (closing)

La fase de cierre finaliza la transacción, donde son validados los contratos firmados entre el vendedor y el comprador y se consiguen las aprobaciones de las entidades reguladoras y los accionistas. En la práctica, es probable la generación de problemas significativos en esta fase de cierre e incluso resurgen, en ocasiones, inconvenientes anteriores con complejidades mayores; existe el riesgo de que esto suceda, porque las partes no perciben un elemento importante hasta el último minuto. Hay escenarios donde una de las partes cambia de posición en la etapa de cierre para aventajar los acuerdos, sin embargo, este tipo de actitud amenaza toda la transacción. Para evitar un desenlace desagradable, se recomienda a ambas partes que acuerden paso a paso todas las etapas finales hasta el cierre.

Summary

The limited focus of the definitive agreement can be explained by the following key idea: The definitive agreement is a risk management device focused only on the completion of the transaction.

Definitive agreements have a number of elements in common, which include the following:

- Parties to the deal
- Recitals
- Definition of terms
- Description of the basic transaction
- Covenants
- Conditions of closing
- Termination
- Indemnifications
- Miscellaneous items

Closing

The closing phase will finalize and secure the deal by (1) validating customer and vendor contracts and obtaining approval from (2) regulatory bodies and (3) shareholders.

Referencias bibliográficas

Brealey, R. and Myers, S. (2002). *Principles of Corporate Finance.* McGraw-Hill/Irwin.

Bruner, R. F., y Perella, J.R. (2004). *Applied Mergers and Acquisitions.* John Wiley & Sons, Inc.

DePamphilis, D. (2055). *Mergers, Acquisitions, and Other Restructuring Activities.* 3rd Edition. Academic Press Advanced Finance Series.

Eayrs, W. E. (2005). *Mergers & Acquisitions: A Corporate Finance Approach*, unpublished presentation.

Ernst, D., Häcker, J. (2012). *Applied International Corporate Finance.* Verlag Franz Vahlen GmbH.

Fábrega Polleri, J. P. (2023). *Tratado sobre la Ley de Sociedades Anónimas Panameñas*, comentada por artículo. Tercera edición revisada y ampliada, Editorial Portobelo.

Gaughan, P., A. (2018), *Mergers, Acquisitions, and Corporate Restructurings.* John Wiley & Sons, Inc.

Häcker, J. (2005). «The process of Mergers & Acquisitions – Financial issues, legal aspects, the consummation of the process». In *Trends im Rechnungswesen*, ed. by Brecht, U., pp. 219–235.

Lajoux, A. R. (2019). The Art of M&A, Fifth Edition: A Merger, Acquisition, and Buyout Guide. España: McGraw Hill LLC.

Mellen, C. M., Evans, F. C. (2018). Valuation for M&A: Building and Measuring Private Company Value. Reino Unido: Wiley.

LECTURAS RECOMENDADAS

Análisis e interpretación de estados financieros.
Elaborados en base a NIF (Gerardo Alfredo Brigada Altamirano
y Javier Manuel Pacheco Avendaño)

Deja ya de sobrevivir y empieza hoy mismo a vivir. Libérate
financieramente (Modo Manual) (Erick Sáenz)